SUR LA LIBERTÉ
DE LA PRESSE;

RÉPONSE

A UN ARTICLE INSÉRÉ DANS LE JOURNAL DES DÉBATS,
le 13 juillet,

ET RÉFLEXIONS

Sur la brochure de M. *Benjamin de Constant-Rebecque*,
et sur d'autres écrits relatifs à cette question ;

PAR F. CHERON,

COMMISSAIRE DU ROI AUPRÈS DU JOURNAL DES DÉBATS.

> S'il est un droit qui semble inaliénable dans
> quelqu'état que l'homme puisse se trouver,
> c'est assurément celui de penser et même de
> penser tout haut. Cependant quelle est l'insti-
> tution sociale qui n'ait pas entrepris d'en
> borner plus ou moins la jouissance ?
>
> GRIMM, *Corresp.*, *janvier* 1775.

A PARIS,

CHEZ PILLET, IMPRIMEUR-LIBRAIRE,
RUE CHRISTINE, N° 5.
1814.

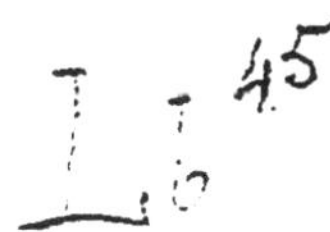

AVANT-PROPOS.

—

Cᴇᴛ écrit ne devait être qu'un article de Journal. Il se bornait, dans l'origine, à la réponse à l'article du *Journal des Débats*, du 13 juillet; mais, *en conséquence de la liberté dont nous jouissons*, il m'était interdit de faire paraître cette réponse dans la même feuille où l'article qu'elle combat a été imprimé.

Le Journal des Débats s'est prononcé de la manière la plus tranchante en faveur de la liberté *illimitée* de la presse. Si ce journal eût été fidèle aux principes que son *titre* semble annoncer, il aurait laissé établir, sur un sujet encore bien nouveau, quoique si long-tems débattu, une controverse qui aurait pu répandre quelques lumières. Peut-être même aurait-il dû le faire, par respect pour le Roi qui a déjà manifesté sa pensée, et pour le ministre qui s'en est rendu l'interprète, et qui, par ses lumières, sa droiture et son patriotisme, est aussi digne de la confiance de la nation que de celle du monarque.

MM. les Administrateurs du *Journal des Débats* ont pensé autrement ; et sans ménagemens, sans modifications quelconques, ils ont proclamé, dans toute la France, que *le premier projet de loi* présenté par le Roi est attentatoire à la constitution , et qu'*il ne passera point.*

Si le souverain et son ministre ne

sont point traités d'une manière plus convenable , *grâce à la liberté illimitée de la presse* aurais-je le droit de me plaindre, moi, qui ne remplis que les humbles fonctions de commissaire de S. M. auprès de ce journal ?

Je m'abstiendrai donc de révéler au public les procédés de MM. les Administrateurs à mon égard; mais je dois au moins profiter de la publication de cet écrit pour me justifier de tous les reproches que l'on a faits au commissaire du Roi (1), des articles que la partie saine des lecteurs a jugé répréhensibles depuis le 22 avril dernier, époque à laquelle

---

(1) Je m'attends bien que de puissans raisonnemens vont me pousser ce formidable argument : « M. le commissaire, *vous préchez les limites* parce » que vous êtes censeur. Vous êtes orfévre, M. » Josse. » Comme si je ne pourrais pas leur répon-

j'ai commencé l'exercice de mes fonctions. Je déclare en conséquence :

1°. Que je ne coopère en aucune façon à la rédaction du *Journal des Débats.*

2°. Que depuis le 22 avril, je n'y ai inséré ni fait insérer aucun article, aucune note, aucune annonce.

3°. Que dans l'intervalle de tems qui s'est écoulé depuis cette époque, je n'ai vu qu'une seule fois MM. les Administrateurs; que je n'ai eu avec eux d'autre

---

dre : « *Vous ne voulez point de limites* parce que vous » êtes journaliste. M. Josse, vous êtes orfévre. » Et si cet argument, pris abstractivement, est au moins d'égale force des deux côtés, il me semble qu'il devient plus fort en ma faveur, si l'on considère l'extrême différence qui existe entre un opulent journaliste, qui a le plus grand intérêt à se rendre indépendant, et un commissaire du Roi, qui ne voit dans ses fonctions que l'honneur de la confiance du monarque, et qui sera toujours prêt à remplir ses devoirs, sans autre intérêt que celui-là.

communication que celle-là , et que je n'en ai eu aucune avec MM. les Rédacteurs.

4°. Que toutes mes fonctions à ce journal ont consisté à voir la dernière épreuve, sur laquelle, d'après les instructions qui m'étaient données, j'ai fait, trop rarement sans doute au gré des lecteurs, des suppressions, dont je serai toujours prêt à expliquer les motifs.

5°. Et enfin, que, plusieurs fois, il n'a été tenu aucun compte de ces suppressions , de sorte que je lisais le lendemain dans le journal ce que j'y avais supprimé la veille.

Après cette déclaration, que j'appuierai de toutes les preuves, s'il est nécessaire, il ne me reste qu'à réclamer l'indulgence des lecteurs sur les imperfections de l'écrit que je leur soumets. J'ai plus songé à être raisonnable et substantiel qu'élégant et fleuri. L'urgence me prescrivait une célérité qui ne m'a point laissé le tems de le rédiger avec ordre et méthode. Mais je crois avoir évité dumoins l'écueil des *hautes théories philosophiques*, objets de l'admiration des *illimités*, et je n'ai pris pour guides que la raison et l'expérience.

LA LIBERTÉ DE LA PRESSE.

CHEZ toutes les nations du monde, sur cent individus qui savent lire et qui se mêlent de raisonner, on compterait à peine trois ou quatre penseurs capables, d'envisager une question sous tous ses divers rapports. Mais chez un peuple vain et railleur, habitué depuis un demi-siècle à soumettre tout à l'argumentation ou à la moquerie, cette proportion ne serait point exacte, et le nombre des sages pourrait être justement diminué.

On ne pourrait calculer, par exemple, à Paris, le nombre de gens qui ont puisé leur doctrine sur la liberté de la presse dans le monologue du *Mariage de Figaro*. Ose-t-on parler devant eux de la plus petite modification de cette liberté ? « Oui, répon- » dent-ils ironiquement, je serai libre d'im- » primer, pourvu que je ne parle en mes » écrits ni de l'autorité, ni du culte, ni de » la politique, ni de la morale, ni des gens

» en place , ni des corps en crédit , ni de
» l'Opéra , ni des autres spectacles , ni de
» personne qui tienne à quelque chose. »
Essayez de parler raison à des hommes *con-*
vaincus par un mime qui les a fait rire , ils
feront une pirouette , leveront les épaules ,
et vous accableront de leur pitié.

Quel dommage en effet qu'un *Figaro*
n'ait pas le droit de parler *de l'autorité, du
culte* , de *la morale* et de *la politique?* car
il est facile de sentir que *les gens en place ,
l'Opéra , les autres spectacles* , etc.., sont
jetés là pour le trait plaisant à la faveur du-
quel *Figaro* fait passer tout le reste: J'en
demande pardon à M. Figaro et à tous ses
adeptes, mais je pense que dans tout état bien
constitué , il doit être défendu de porter
atteinte, par écrit ou autrement, aux lois
établies, au culte et à la morale publics, et
que , par exemple , l'autorité qui aurait pu
interdire la représentation d'un ouvrage aussi
scandaleux, aussi pernicieux pour les mœurs
et pour le Gouvernement que *la Folle Jour-
née* , aurait rendu à l'Etat le service le plus
signalé.

Je me garderai bien d'assimiler à Beau-
marchais les écrivains qui se sont montrés

partisans de la liberté *illimitée*. Au talent qui les distingue, ils joignent, je n'en doute pas, la bonne foi et l'amour du bien public. Mais s'ils se trompent, leur erreur serait bien fatale pour nous, et il doit être permis d'envisager une question d'une aussi haute importance sous plus d'un point de vue.

Ce n'est point *en théorie* que je me propose de l'examiner. Depuis la trop fameuse déclaration des droits de l'homme jusqu'à ce jour, cette question a produit tant de lieux communs, sans aucun résultat satisfaisant, que je craindrais, en cherchant à l'éclaircir, de la rendre encore plus obscure.

On pourrait faire des volumes sur cette question réduite aux termes les plus précis : « La liberté de la presse est-elle un » bien, est-elle un mal ? » Car les uns voudraient qu'on leur démontrât d'une manière évidente et incontestable qu'une nation ne peut avoir un vrai bonheur, une vraie gloire, si elle ne jouit pas de cette liberté, et Dieu sait combien il serait facile de prouver que la France ne compte point de règnes aussi fortunés que glorieux depuis quatorze siècles, et que tous les peuples de l'Europe qui n'ont pas encore connu cette précieuse liberté de la presse, n'ont cessé de gémir sous la plus odieuse tyrannie. Les autres diraient que cette question tient essentiellement à celle qui a été si éloquemment traitée par J.-J. Rousseau : « Si les lettres et les sciences ont été plus » nuisibles qu'utiles aux hommes. » Question qui a déjà enfanté cent volumes, sans que nous sachions encore à quoi nous en tenir. Il y en a qui pousseraient l'audace jusqu'à demander si la découverte de l'imprimerie n'a pas eu plus d'inconvéniens que d'avantages, et si la quantité d'erreurs funestes qu'elle a fait circuler peut être compensée par le petit nombre de vérités qu'elle a mises en lumière. Enfin cette question, divisée en tant de ramifications différentes, considérée sous une si grande multitude de rapports, nous jeterait dans un labyrinthe inextricable.

En effet, où prendrait-on ses autorités, si l'on voulait sortir de la région des théories ? J'ai dit que cette question était encore bien nouvelle, et cette assertion ne peut trouver de contradicteurs. Je ne dirai rien de quelques écrivains spéculatifs, des

demi-philosophes ou des orateurs popu-
laires qui en ont parlé de nos jours ; mais
que l'on cite un seul grand publiciste où
l'on trouve cette question approfondie.
Montesquieu , qui a écrit sur les lois de
tous les peuples du monde depuis quarante
siècles , Montesquieu ne dit pas un mot de
la liberté de la presse.

Il ne reste donc pour autorité que le gouvernement anglais ; mais l'exemple de l'Angleterre est une exception *unique*, et qui
est bien loin d'être déterminante , puisque
cette liberté tient chez elle à une position
géographique, à un caractère, à des mœurs,
à une politique , à des usages tout-à-fait différens de ceux des autres peuples du monde.
Les Français ne peuvent prendre les Anglais pour modèles sur un point aussi grave
et aussi important , si la nature des choses
s'oppose à ce qu'ils les imitent sur tant
d'autres points , qui se lient et se coordon-
nent , de manière à former un système
complet de Gouvernement fondé sur cette
nature des choses.

D'ailleurs il ne m'est pas encore bien dé-
montré que, même en Angleterre, cette liberté soit une source de gloire et de prospé-

rité, soit le souverain bien pour ses habitans.

Ces considérations préliminaires sont plus que suffisantes pour m'interdire de traiter *théoriquement* la question de la liberté de la presse. Je m'en abstiendrai donc, et en évitant autant que je pourrai de combattre des abstractions par d'autres abstractions, je tâcherai d'être positif en répondant à M. le Rédacteur de l'article du 13 juillet, et aux autres partisans de la liberté *illimitée*.

Il faut rendre cette justice au Rédacteur du *Journal des Débats*, il ne s'égare pas dans le dédale des théories et des abstractions, il va droit au fait, et il cite l'article 8 de la charte constitutionnelle, conçu en ces termes : « *Les Français ont le droit de* » *publier et de faire imprimer leurs opi-* » *nions en se conformant aux lois qui doi-* » *vent réprimer les abus de cette liberté.* »

« Quoi de plus clair, ajoute le Rédac- » teur, quoi de plus décisif ! Les Français » ont le droit de *publier leurs opinions :* » voilà la liberté accordée. *Ils se confor-* » *ment aux lois qui doivent réprimer les* » *abus de cette liberté :* Voilà encore la li- » berté confirmée ; puisqu'on la sépare de

» ses abus, on n'abuse pas de ce qu'on n'a
» point. »

Assurément l'on ne peut nier que ce ne soit là de la logique parfaite. Il est fâcheux que ce soit de la logique en pure perte. Qui songe en effet à contester au Rédacteur rien de tout cela? Le magistrat, interprète des pensées du Roi, a reconnu les avantages de la liberté de la presse.

« Oui, répond le Rédacteur, mais le texte
» est en opposition avec le préambule
» *dans les idées et dans les termes.* »

Il me semble, à moi, que le Rédacteur se trompe tout-à-fait, et son erreur vient de ce qu'il néglige de saisir l'*esprit* du projet de loi, en s'attachant uniquement à *la lettre* du texte.

La question n'est pas de savoir si la liberté de la presse est reconnue et garantie. Cela ne fait aucun doute. Il s'agit de décider si nous sommes assez calmes, assez bien préparés, assez mûrs pour en user sans danger dans toute sa plénitude, pour en avoir l'exercice incontinent, aujourd'hui, tout-à-l'heure, sans modifications, sans précaution (1), sans réserves quelconques,

____

(1) Il est bon de remarquer que dans la décla-

que dit M. l'abbé de Montesquiou dans son préambule?

« Vous le savez, Messieurs, la liberté de
» la presse, souvent proclamée en France
» depuis vingt-cinq ans, y est toujours de-
» venue elle-même son plus grand ennemi ;
» esclave de l'opinion qu'elle n'a pas eu le
» tems de former, elle a prêté à la démence
» toutes ses forces, et n'a jamais pu fournir
» à la raison de suffisans moyens de dé-
» fense....... Telle est la nature de cette li-
» berté, que pour savoir en faire usage, il
» faut en avoir joui : donnez-lui donc toute
» l'étendue nécessaire pour que la na-
» tion ne fasse qu'apprendre à s'en servir,
» mais opposez - lui encore quelques bar-
» rières pour la sauver de ses propres
» excès. »

Ce ne sont point là des abstractions, c'est le langage de la sagesse, c'est le résultat des leçons de vingt-cinq ans d'expérience, contre lesquelles doivent échouer

---

ration du Roi, de St-Ouen, à la date du 2 mai, le Monarque emploie le mot *précaution*, qui consacre le droit du Monarque, antérieur à la concession qu'il fait. La pensée du Roi est là, et un changement d'expressions ne peut la dénaturer.

tous les argumens de la plus belle dialectique (1).

Si je pensais que la rédaction d'un article
de loi pût devenir un *guet-à-pens* par l'effet
d'une subtilité, de la substitution d'un mot
à un autre, si je ne m'attachais, comme le
Rédacteur, qu'à *la lettre du texte*, il me serait facile aussi d'épiloguer sur les expressions, et je tirerais un grand parti de celles-ci :
Publier et imprimer leurs opinions. Elles me
donneraient beau jeu pour prouver que tout

----

(1) Depuis l'époque de leur grande charte, les
Anglais ont été soumis, pendant un très-long-tems,
à des restrictions de la presse, bien plus sévères que
celles proposées dans le projet de loi; ces restrictions
existaient dans toute leur force pendant le règne de
Charles II, cela n'a pas empêché les manœuvres des
séditieux. « Des insensés qui, tout récemment,
» avaient vu l'Etat renversé par les passions de la
» multitude, ne parlaient que d'affaiblir les digues
» qui pouvaient contenir ce torrent. » Cette réflexion
est tirée d'un des meilleurs écrits qui aient paru depuis trois mois, intitulé : *de la Constitution et des
Lois fondamentales de la Monarchie française*, par
M. Ch. Delalot. Que deviendrait la France si l'on
n'opposait aucunes barrières à la fureur de ces insensés, que la liberté illimitée de la presse multiplierait
à l'infini ?

2

ce qui n'est pas *opinion*, tout ce qui est *fait*, *allégation*, *personnalité*, ne doit pas, ne peut pas être susceptible de cette liberté. Il est des circonstances où une erreur, où une légéreté produisent un aussi mauvais effet qu'une intention malveillante : mais je puis négliger l'avantage que me donnerait cette discussion, et je reviens à l'article du 13 juillet.

Le Rédacteur discute une question de *droit* qu'on ne songe pas à lui contester, lorsqu'il s'agit d'une question *de tems*, de position morale et politique, à laquelle il ne répond que par des objections hypothé-tiques et dépourvues de solidité.

« Est-il vrai, dit-il, que la liberté de la
» presse soit aussi redoutable qu'elle l'a
» été ? Les Français se passionnent pour
» les nouveautés, j'en conviens ; mais ce
» sont les bons principes qui sont mainte-
» nant des nouveautés. Les leçons du mal-
» heur nous ont généralement ramenés à
» de plus saines idées. La vogue des faux
» systèmes est passée pour long-tems.......
» Enfin, l'homme qui n'est pas fait pour
» l'erreur, finit par s'en lasser, et la raison

» prend le dessus *à mesure que les pas-*
» *sions se calment et s'amortissent.* »

Eh, bon Dieu ! me disais-je en lisant ce paragraphe, combien je voudrais que tout cela fût vrai ! En ce cas, la liberté *illimitée* de la presse serait sans dangers, à l'égard des choses, du moins ; car, relativement aux personnes, il faudrait que les passions humaines eussent perdu leur activité, et que les mœurs fussent bien améliorées pour que cette liberté fût sans conséquences funestes : il se passera bien du tems avant que *les passions* soient *calmées et amorties ;* et pendant cet intervalle, quelle garantie me donnez-vous contre les abus de la liberté de la presse ?

Lorsque vous avancez si hardiment que les dangers de cette liberté ne sont pas aussi redoutables qu'on le dit, ne pourrais-je pas retorquer votre argument, et vous dire : Est-il vrai que la censure soit aussi dangereuse qu'on le prétend, sur-tout avec le tribunal d'appel que l'on propose d'établir ? Le Roi s'est montré trop généreux dans les concessions qu'il fait par la charte constitutionnelle, pour que l'on puisse imaginer que le Roi ou ses délégués repousseront les lumières qu'on leur offrirait pour l'amélioration du sort des peuples. Le censeur qui se rendrait coupable d'un pareil délit serait puni, d'abord par le tribunal supérieur qui jugerait la censure elle-même; mais il serait, bien plus sûrement et plus efficacement puni par le ridicule et le mépris qui s'attachent toujours à la sottise et à l'incapacité.

Et s'il est vrai que nous soyons si bien *corrigés par le malheur*, que *la vogue des faux systèmes soit passée*, que l'homme ne soit pas *fait pour l'erreur, etc.*, qu'a-t-on à redouter des barrières que le Roi croit encore prudent d'opposer à l'égarement et aux écarts de quelques insensés, si, *par impossible*, il s'en trouvait?

Le rédacteur s'attache, comme je l'ai dit, à la lettre de la charte constitutionnelle; il s'en tient aux principes, il ne sort pas de là; son rigorisme est absolu; *illimité*, comme la liberté dont il brûle de nous voir jouir : « Non, s'écrie-t-il avec une énergie » tribunicienne, non, cette loi ne passera » point, parce qu'elle est contraire à la » constitution. » C'est nous donner un échantillon assez étrange de cette liberté

qui lui semble si désirable. Eh quoi! le
Roi propose une loi, la chambre des députés ni la chambre des pairs ne l'ont
encore discutée, et un citoyen, sans mission et sans autorité, prononce d'une manière tranchante qu'*elle ne passera point!*
et ce *veto* aura été imprimé à 25 mille
exemplaires, aura parcouru toute la France
et influencé tous les esprits, avant que les
pouvoirs conservateurs de l'Etat aient déli-
béré et fait connaître leur décision! S'il en
est ainsi, voilà donc un quatrième pouvoir
établi dans l'Etat; c'est celui des journaux
et des pamphlets, et ce serait une modification à apporter à la constitution, une
troisième chambre à former. Que dis-je?
ce pouvoir serait le premier et le plus fort
de tous, puisqu'il aurait à-la-fois l'initiative
des propositions et le *veto* de celles qui
seraient faites! Je m'abstiens de développer
ici les réflexions que fait naître en foule
cette indiscrète révélation du rédacteur. La
sagacité des lecteurs y suppléera facilement.

Je suis loin de penser que le projet présenté soit de tout point le meilleur qui
puisse être adopté; mais sans entrer dans
les modifications qu'il serait susceptible de

subir, je crois que, tel qu'il est, on doit le juger favorable à la concorde, à la sécurité publique, à la stabilité de l'Etat; je crois qu'il n'est pas *contraire à la charte*, qu'il ne brise pas la constitution, parce que ce n'est pas briser une œuvre de mécanique, que d'en essayer les ressorts, et d'en diriger avec sagesse les premiers mouvemens, et que l'article 23, qui porte que *la présente loi sera revue dans trois ans*, est la garantie la meilleure que le Roi puisse offrir de son respect pour la constitution, et du désir sincère qu'il a de la voir assurer la prospérité de son peuple.

Je terminerai ma réponse à l'article du *Journal des Débats* du 13 juillet, par une citation tirée du *Times*, journal anglais. Voici comment ce journal s'exprime au sujet des principes des *illimités* sur la liberté de la presse, à la date du 8 juillet 1814 :
« L'application *pratique* de ces principes
» aux circonstances dans lesquelles se trouve
» une nation, dépend beaucoup de l'in-
» fluence des lois et des mœurs publiques
» dans cette nation. Aujourd'hui, malheu-
» reusement, ces deux influences sont si
» faibles en France, que les mêmes règles

» qui peuvent être suivies sans aucun danger
» dans notre pays, replongeraient l'autre
» dans toutes les horreurs de la révolution
» et de la guerre civile. »

*Their pratical application to the cir-
cumstances of a particular country depends
much upon the influence of laws and of
public morals in that country. Now, un-
happily, both those influences are so veak
at the present moment in France, com-
pared with that they are in England, that
the same rules wich may be safely followed
in the one country, would replonge the
other into all the horrors of revolution and
civil war.*

Dans la feuille du 15 juillet, le même
journal développe ces mêmes idées, relativement à quelques pamphlets arrivés de
Paris : « Les Français ont donc perdu la
» mémoire !... s'écrie à ce sujet le rédacteur
» du *Times*. »

Que diront à cela les partisans du système
anglais ? Ce qu'ils diront ? oh ! ils ne seront
point embarrassés ! ils citeront d'autres
journaux anglais, qui prêchent une doctrine
différente, ou bien, ce seront les partisans
de la censure en France qui auront *payé* le

rédacteur du *Times*, ou bien encore, les Anglais seraient trop jaloux s'ils nous voyaient *aussi libres et aussi heureux* qu'ils le sont, etc., etc.

Laissons dire les *illimités*, et reposons-nous sur le Roi du soin de nous rendre heureux. Sa tâche est difficile, il saura l'accomplir, et nul autre que lui n'en serait capable. Mais secondons-le de tous nos efforts, et gardons nous de gêner sa liberté, qui garantit la nôtre. Depuis trop long-tems nous sommes fatigués de *débats*. Au lieu de discuter des droits, rivalisons d'ardeur pour faire au-delà même de nos devoirs. C'est seulement ainsi que nous transmettrons à nos enfans le patrimoine de prospérité dont nous commençons à peine à jouir.

C'est ainsi que se terminait ma réponse à l'article du 13 juillet. J'étais bien loin de la regarder comme complète, et je me proposais de faire une réponse additionnelle, lorsque l'impossibilité de faire imprimer ma réponse dans le *Journal des Débats* me fit prendre la résolution de rassembler les deux articles en un, et d'en composer une brochure. Pour ne pas perdre de tems, j'ai laissé le premier tel qu'il était, et, désirant recueillir de nouvelles lumières, j'ai lu plusieurs écrits relatifs à cette question, et notamment celui de M. Benjamin de Constant, où elle est traitée, suivant le rédacteur, *avec une sagacité et une force de logique qui ne laisse rien à désirer.*

Avant de parler de la brochure de M. Benjamin de Constant, je dirai deux mots de trois autres qui l'ont précédée (1), et qui sont composées par deux académiciens d'un talent distingué, MM. Morellet et Suard.

Les deux *lettres* de M. Suard sont écrites avec cette urbanité, cette fleur de bon ton, cette grâce, qui caractérisent tout ce qui sort de sa plume; mais elles sont bien loin d'être concluantes, et les *illimités* l'ont même un peu lancé d'avoir fait des propositions contraires à leur *tolérance intolérante.* Il est vrai de

----

(1) Je ne puis m'occuper de plusieurs autres brochures que j'ai parcourues, et qui ne m'ont rien offert qui me parût digne d'être cité ni refuté. Il en est d'autres que je n'ai pu me procurer, et sur lesquelles je ne puis par conséquent exprimer aucune opinion.

dire que M. Suard est d'assez bonne com-
position , et que l'on pourrait facilement
transiger avec lui ; je serais donc plus dis-
posé à le ranger parmi les adversaires que
parmi les partisans des *illimités.*

La brochure de M. Morellet a cinquante
ans de date, et par conséquent ne peut avoir
beaucoup de poids dans la balance. Vingt-
cinq ans d'expérience sont bien faits pour
ébranler les plus belles théories. On reconnaît dans cet ouvrage de M. Morellet cette
fermeté de style et cette clarté que l'on
chercherait vainement dans les écrivains
modernes, dont presque toutes les productions sont obscurcies par l'idéologie, la mé-
taphysique et un néologisme qui outra-
gent et dénaturent la langue de Racine et de
Fénélon; mais je ne crois pas que cette pro-
duction de M. Morellet, composée en 1764,
si estimable qu'elle soit, puisse répandre
beaucoup de lumières sur la question de la
liberté de la presse en 1814.

Cependant je rends grâce à M. Morellet
d'en avoir fait une édition nouvelle , puisqu'elle m'a servi à rechercher ce qu'en disent
les mémoires du tems. Les lecteurs seront
bien aises , sans doute , de savoir ce que pen-

sait sur cette *liberté d'écrire et d'imprimer en matière d'administration* un philosophe, mais un philosophe *pur*, un intime de Diderot, le baron de Grimm, enfin. J'espère qu'une telle autorité ne sera point récusée par les *illimités*. Voici ce que je trouve dans le tome 1ᵉʳ de la 3ᵉ partie de sa Correspondance, page 2 et suivantes, janvier 1775, au sujet des réflexions de M. l'abbé Morellet, qui viennent d'être réimprimées.

« Toute question énoncée *d'une manière*
» *générale*, paraît d'une solution aisée.
» Elle le devient moins à mesure qu'on
» essaie de la déterminer *pour l'appliquer*
» à quelque circonstance particulière. Sans
» doute la société la plus parfaite sera celle
» qui procurera le plus grand bien général
» en laissant la plus grande liberté possible
» aux différens individus qui la composent.
» Mais quel est ce plus grand bien auquel
» elle peut espérer d'atteindre? *Où sont les*
» *bornes de cette liberté* qu'elle doit garan-
» tir, qu'elle doit conserver à chacun de
» ses membres.

» S'il est un droit qui semble inaliénable,
» dans quelque état que l'homme puisse se
» trouver, c'est assurément celui de penser,

» et même de penser tout haut. Cependant
» *quelle est l'institution sociale qui n'ait pas*
» *entrepris d'en borner plus ou moins la*
» *jouissance?*.....

» Il y a, ce me semble, dans toute cons-
» titution politique trois principes domi-
» nans, la force, les lois et l'opinion. Ces
» trois principes ont plus ou moins d'éner-
» gie, et la manière dont ils sont subor-
» donnés l'un à l'autre est ce qui détermine
» la nature et la forme particulière de cha-
» que Gouvernement. Dans un état pure-
» ment despotique, l'autorité n'a pas d'autre
» contre-poids que la force. Dans un état ré-
» publicain, elle le trouve dans les lois
» mêmes dont elle tient sa puissance. *Dans*
» *une monarchie telle que la France*, ce
» contre-poids n'existe réellement que dans
» l'opinion....

» Plus l'opinion a de force, *plus il est*
» *dangereux*, sans doute, *d'abandonner au*
» *hasard* la conduite des ressorts qui la
» font mouvoir ; et n'est-ce pas ce qu'on ris-
» querait *en permettant à tout le monde*
» *d'écrire librement sur les principes de*
» *l'administration*.....

» On n'a jamais plus écrit, on n'a jamais

» plus lu que de nos jours. En concluera-
» t-on que les livres contribuent plus ou
» moins à diriger l'opinion publique ? Je
» suis bien tenté de croire que leur influence
» en a plutôt diminué qu'augmenté. Quoi
» qu'il en soit, cette influence est réelle ou
» ne l'est pas ; *si elle est réelle, ses suites*
» *sont de la plus grande conséquence. Si*
» *elle ne l'est pas, quel bien peut-on espérer*
« *d'une liberté plus illimitée ?*

   » C'est un emploi vraiment sublime que
» celui d'éclairer ses semblables ; mais quel est
» aujourd'hui l'auteur assez frivole ou *assez*
» *sottement modeste* pour ne pas se croire
» appelé à remplir une fonction si auguste ?
» Parmi tous ces grands hommes qui pré-
» tendent à gouverner le monde du haut de
» leur galetas, n'est-il pas possible qu'il se
» trouve plus d'un barbouilleur assez fana-
» tique ou assez éloquent pour écrire d'une
» manière propre à répandre des allarmes
» dans l'esprit d'une nation, ou à exciter
» des préventions contre les projets de l'ad-
» ministration les plus sages et les plus pa-
» triotiques ? *Quel bien peut compenser un*
» *mal aussi funeste ? Et sera-t-on toujours*

» *à même de le réparer, comme on l'aurait*
» *été de le prévenir ?*

» Les défenseurs de la liberté paraissent
» mettre en principe que *les hommes nais-*
» *sent tous philosophes, et que les écrivains*
» *le sont par excellence.* Il n'y a guère,
» dans cette supposition, que les Rois et
» les Ministres d'exceptés, *ce qui montre*
» *au moins de l'intolérance et de la partia-*
» *lité.* Ces Messieurs ne veulent pas voir
» que la plupart des hommes sont pleins de
» faiblesses et d'inconséquences. Ils ne
» comptent pour rien les calculs secrets de
» l'amour - propre et de la vanité. Ils ne
» suivent pas *la marche irrégulière et vio-*
» *lente des passions.* Ils se flattent de pou-
» voir combiner les différens rapports de
» la société, toujours mobiles, toujours va-
» riables, *comme l'on combine des puis-*
» *sances algébriques.* Ils oublient que dans
» mille occasions, l'erreur est plus à la
» portée du peuple que la vérité, parce
» qu'il est facile à l'erreur de frapper et de
» séduire l'imagination, au lieu que, le plus
» souvent, la vérité ne devient sensible
» qu'aux yeux de ceux qui la cherchent

» avec une suite et une attention dont peu
» d'hommes sont capables.

» Il est aisé de persuader à la multitude
» qu'il serait plus commode, et par consé-
» quent plus juste de ne payer à l'Etat que
» la moitié des impôts qu'il exige, quelque
» légitime que puisse être ce tribut en lui-
» même. Serait - il aussi aisé de lui faire
» sentir que ces impositions, en assurant la
» puissance et la prospérité publiques, as-
» surent en même tems le bonheur et l'ai-
» sance de chaque particulier? »

Je me suis bien gardé d'interrompre par
mes réflexions cet excellent morceau, qui
ne saurait être trop médité par ceux qui
sont appelés à concourir avec le Roi au salut
de la France. J'aurais craint de rompre la
chaîne des idées qu'il renferme, et qui me
paraissent tellement fortes, tellement subs-
tantielles, tellement positives, que je re-
garde la question agitée comme parfaitement résolue par des argumens aussi invin-
cibles. Mais après avoir eu cette déférence
pour les lecteurs, ils ne peuvent me refuser
le droit d'y ajouter des observations qui
fortifieront encore l'impression qu'ils ont
reçue de la lecture de ce morceau.

D'abord, chacun sait que Grimm, dans sa Correspondance, se distingue généralement par la plus grande hardiesse d'opinion, sur les questions les plus élevées et les plus profondes de politique, d'administration, de morale et même de religion; cet ami de Diderot ne se piquait pas plus que l'auteur du *Code de la Nature* d'un grand respect pour les Rois, les prêtres, les ministres, et tous ceux qui sont chargés du pénible fardeau du Gouvernement des peuples.

Grimm est un philosophe dans l'acception la plus absolue; c'est un réformateur du genre humain, un Don Quichotte des abus. Il n'y a pas une de ces idées, que l'on a nommées *libérales*, qui lui ait échappé; il est donc impossible de l'accuser de mauvaise foi dans son opinion sur la liberté *illimitée* de la presse. C'est la vérité elle-même qui la lui a dictée, et dans quel tems? Il y a quarante ans, à l'époque où les philosophes se plaignaient le plus hautement et avec le plus d'amertume des entraves que l'on mettait à la liberté de penser. Mais ce n'est pas tout; Grimm ne parle dans cette lettre que *des livres*, et des livres *sur les matières de l'administration.* Il ne prévoyait pas que vingt ans après des milliers de *barbouilleurs* sortiraient de *leur galetas*, et usurperaient le Gouvernement du royaume.

Il ne prévoyait pas qu'il viendrait un tems où ces barbouilleurs feraient dix mille lois en une année.

Il ne prévoyait pas que la licence ferait éclore cent journaux qui rivaliseraient d'impiété, d'extravagance et de perversité.

Il ne prévoyait pas que les Français souffriraient pendant vingt-cinq ans tous ces fléaux, nés *du progrès des lumières*, qu'après en avoir été sauvés par un miracle de la Providence, ils perdraient subitement la mémoire, et qu'après avoir recouvré leur Roi légitime, ils soupireraient encore après les idées *libérales* qui avaient arraché le sceptre des mains du meilleur des monarques.

Il ne prévoyait pas, enfin, lorsqu'il mettait en évidence les dangers de laisser publier, *seulement des livres sur les matières d'administration*, il se trouverait, après vingt-cinq ans des plus épouvantables calamités, assez d'insensés pour soutenir qu'une telle liberté devrait s'étendre aux brochures, aux pamphlets et à une multitude de journaux quotidiens, exempts de toute surveillance et de toute censure.

Voyons maintenant si les *hautes théories philosophiques* de M. Benjamin de Constant-Rebecque sont aussi dignes d'admiration que le prétend le *Journal des Débats*, et s'il est vrai que la question de la liberté de la presse soit traitée dans sa brochure *avec une sagacité et une force de logique qui ne laissent rien à désirer.*

Je remarque d'abord les plus hautes prétentions dans le titre. « De la liberté des » brochures, des pamphlets et des journaux, » *considérée sous le rapport de l'intérêt du* » *Gouvernement.* »

Il est permis de penser que le ministre au département de l'intérieur, qui, depuis trois mois s'est fait rendre compte de l'état moral et politique de son pays, connaît un peu mieux la disposition des esprits que M. de Constant. Il est certain que ce Ministre a lu Montesquieu, et qu'il sait que ce grand publiciste a fait un chapitre intitulé : *Combien, pour les meilleures lois, il est nécessaire que les esprits soient préparés ;* et lorsque cet interprète des intentions du Roi *ne conteste pas le principe* de la liberté de la presse, en reconnaît *le droit* consacré par la charte, en apprécie et fait valoir *les avantages* avec la sagacité supérieure qui le distingue, mais exprime le vœu qu'avant de jouir de cette liberté dans toute son étendue, les Français doivent *apprendre à s'en servir*, il me semble que son opinion, dictée par la sagesse et l'expérience, doit avoir un peu plus de poids que celle d'un homme qui ne peut appuyer ses *principes* sur aucune base : on peut même décider sans trop de hardiesse, que le ministre de l'intérieur est meilleur juge de *l'intérêt du Gouvernement* que M. de Constant-Rebecque.

Cet auteur, connaissant parfaitement la force de l'influence des mots, commence par appeler *espionnage* tout ce qui est surveillance nécessaire dans tout gouvernement. Personne ne se laissera prendre à ce piége ; ainsi cela ne mérite point de réponse.

Il parle ensuite *d'actes de rigueur disproportionnés aux délits*. Je n'ai point découvert le danger de pareils actes dans le projet de loi ; je passe donc encore sur ce point qui ne vaut pas qu'on s'y arrête, et je me hâte d'arriver à un raisonnement qui ne me paraît pas avoir *cette force de logique qui ne laisse rien à désirer.*

« Il est impossible , dit M. de Constant ,
» d'empêcher que les brochures dont on in-
» terdirait l'impression en France n'y péné-
» trassent de l'étranger. Arrêtera-t-on les
» voyageurs sur la frontière ? Mettra-t-on
» sous le séquestre les livres qu'ils auront
» apportés pour leur usage ? etc. »

J'en demande bien pardon à l'auteur , mais un tel raisonnement me paraît peu concluant. Au moment où je composais cet écrit, j'ai lu un excellent article d'un journal du 16 juillet , qui s'accorde par-faitement dans les idées et même dans les termes, avec la réponse que je fais à M. de Constant. « Quoi ! parce qu'il peut nous
» venir des pamphlets d'Amsterdam , de
» Genève ou de Londres , il faudra les
» imprimer à Paris! On pourrait répondre
» d'abord que les pamphlets imprimés chez
» l'étranger ne circuleront qu'en petit nom-
» bre. Nous ajouterons que le tems , pen-
» dant lequel une brochure séditieuse peut
» être nuisible , n'est souvent que de vingt-
» quatre heures ; elle aura vieilli lorsqu'elle

» arrivera de Genève ou d'Amsterdam , et
» ne trouvera plus les esprits disposés à la
» recevoir. »

Et moi, j'ajouterai à ces réflexions, qu'il
ne faut pas que les entrepreneurs de brochures comptent beaucoup sur la réus-
site d'un commerce qui a besoin, pour le
succès, d'une maladie contagieuse , je veux
dire de la fièvre de l'innovation , de la dis-
corde et de la sédition.

« *Certainement* , dit l'auteur , si le Gou-
» vernement qui a précédé 1789 , n'a rien
» pu empêcher, notre Gouvernement cons-
» titutionnel n'atteindrait pas avec des
» moyens cent fois plus restreints , un but
» que des moyens illimités n'ont jamais pu
» atteindre. »

Certainement, répondrai-je, il faut avoir
bien peu étudié les hommes et les choses,
connaître bien peu la marche des révolu-
tions, la différence des tems et la disposition des esprits , pour se permettre une
assertion aussi tranchante. Qui ne sait que
les moyens du Gouvernement avant 1789
étaient bien loin d'être illimités , parce que
la contagion philosophique avait gagné
plusieurs des hommes chargés de cette sur-

veillance importante, et qu'ils favorisaient, sans le vouloir sans doute, la fermentation causée par les novateurs? Qui ne voit, au contraire, que le Gouvernement constitutionnel aura cent fois plus de force, parce que tous les Français sentent qu'il en a besoin, et qu'ils se réuniront pour la lui assurer et pour lui donner les moyens d'empêcher le retour des maux qu'ils ont soufferts ! La véritable *force* du Gouvernement est la confiance, l'amour, la fidélité des sujets ; et le Roi aura cette force, parce qu'il l'a méritée, et que nous sentons qu'elle seule peut garantir notre bonheur.

Je ne sais de qui l'auteur tient le droit d'affirmer que « ceux qui ont été chargés depuis deux mois de cette partie de l'administration diraient tous, qu'en fait de liberté de la presse, *il faut permettre ou fusiller.* »

Pour moi, je ne vois dans cette étrange assertion qu'un véritable sophisme, un abus effrayant de cette manie d'argumenter, qui dédaigne les termes moyens, ne connaît que les extrêmes, et croit nous enfermer dans un syllogisme comme dans le cercle de Popilius. Comme s'il n'y avait pas d'autre moyen de

gouverner que de *permettre* ou de *fusiller !*
comme si toutes les lois du monde n'offraient
pas une foule de modifications qui remplis-
saient l'intervalle qui sépare ces deux extré-
mités ! Si c'est là de la logique , et *une force
de logique qui ne laisse rien à désirer ,* je me
fais gloire d'être du nombre de ceux que de
pareils logiciens regardent probablement
comme ineptes.

« Mais ajoute M. de Constant , il y aura
des imprimeries clandestines , il faudra les
surveiller , établir une inquisition , etc. »
Encore un de ces grands mots qui servent
d'épouvantail aux ignorans ! *Espionnage !
inquisition ! fanatisme !* etc. L'article du
journal que j'ai déjà cité répond en peu
de mots , mais d'une manière invincible
à cet argument. « Le gouvernement , sans
» ressembler à l'inquisition , ne pourrait-il
» pas surveiller tout ce qui peut être dan-
» gereux , tout ce qui peut menacer la tran-
» quillité publique ? parce qu'on peut violer
» les lois , ne faut-il donc plus faire de lois ? »
Un gouvernement est-il tyrannique et in-
quisitorial , quand il arrête des tentatives
de vol , d'empoisonnement , de conspira-
tion , d'émeute , etc. ?

« Si l'écrivain, dit encore l'auteur, ne
» se soumet pas à votre censure, s'il im-
» prime clandestinement, il pourra bien
» être puni de cette infraction à votre loi,
» mais le mal aura été fait, et vous n'aurez
» rien prévenu. »

Un tel raisonnement ne peut supporter
un instant l'examen. *L'écrit clandestin* sera-
t-il imprimé et débité librement à dix ou
vingt mille exemplaires? sera-t-il répandu
dans toute la France par la voie commode
de la poste? Non, sans doute. Par conséquent le *mal n'aura pas été fait*, et les *plus
grands dangers auront été prévenus.*

On voit que jusqu'à présent la logique de
l'auteur n'est pas aussi robuste que le prétend le *Journal des Débats.* Il faut même
qu'un sentiment secret l'avertisse de sa
faiblesse, car, dès la page 8, il se hâte de
monter sur son grand *cheval de bataille.*
On présume bien que je veux parler de
l'Angleterre.

« En Angleterre, dit M. de Constant,
» les représentans du peuple et le gouver-
» nement voient à-la-fois et tous les côtés
» de chaque question présentée, toutes les
» opinions attaquées et défendues. Ils ap-

» prennent comment la majorité qui écrit
» et qui parle, considère la loi qu'ils vont
» faire, la mesure qu'ils vont adopter. Ils
» sont instruits de ce qui convient à la dis-
» position générale , et l'acord des lois
» avec cette disposition compose leur per-
» fection relative, souvent plus essentielle à
» atteindre que la perfection absolue. »

Dieu soit loué ! M. de Constant est sur son terrain. C'est celui des abstractions, *disposition générale , majorité , accord , perfection relative, perfection absolue*, etc.: voilà les mots oiseux, les expressions indé-terminées et à jamais obscures dont nous avons été bercés par tant de modernes Lycurgues pendant cinquante ans, et que nous devrions proscrire éternellement pour notre repos et celui de l'univers. Vous allez voir que la majorité ne désapprouve pas souvent en Angleterre comme par-tout ailleurs , les mesures les plus salutaires ! Vous allez voir que les actes d'une haute politique n'ont été adoptés qu'après avoir consulté la majorité ! Vous allez voir que c'est cette majorité qui a voulu la suspension de l'acte d'*habeas corpus*, l'expédition d'Es-pagne, la guerre avec les Etats-Unis, etc.!

Et où est-elle cette majorité ? par quels moyens le gouvernement peut-il la connaître ? Par les journaux ? mais alors ce ne serait point la majorité du peuple, ce serait la majorité des journalistes ; et M. de Constant pourrait-il me démontrer qu'à chaque question agitée dans les parlemens, les ministres font un recensement des opinions de tous les habitans de l'Angleterre pour savoir s'il est bien vrai que la majorité approuve tel ou tel *bill*. Puérilité, je le repète, folie, extravagance que tous ces calculs d'*accord*, de *relatif* et d'*absolu !* En Angleterre, comme par-tout, cette majorité est inconnue. La sagesse du gouvernement la présume, fait son bien sans qu'elle s'en mêle : jamais il ne la consulte, et il fait bien ; car, je le demande, à quoi servirait un gouvernement, et comment pourrait-il marcher, s'il fallait qu'il fît une sorte d'appel au peuple à chaque mesure qu'il jugerait convenable de prendre ?

M. Benjamin de Constant, qui, dans son système de *perfection relative*, juge tout autrement, ne peut s'empêcher de gémir sur le *retard* que la censure apporterait à de *si grands avantages*. Je crois avoir prouvé que ces avantages n'étaient rien moins que *réels.* Mais parlons donc un peu de ce retard.

Il semblerait, en vérité, que *toute la partie pensante de la nation,* pour me servir des expressions de M. de Constant, étouffe d'une abondance de vérités : craignons plutôt que ce ne soit une pléthore d'humeurs malfaisantes et contagieuses. Quand j'entends ces malades, que je crains bien de voir incurables, s'écrier dans leur transport : *Mon opinion! mon opinion! Quoi! l'on me défendra de faire connaître mon opinion! tout est perdu si mon opinion est publiée trop tard!* je serais tenté de dire à la plupart d'entr'eux : Pourquoi diable avez-vous une opinion? Comme certain duc disait à un comédien : « *Pourquoi diable* » *as-tu des gens.* » Mais puisqu'il est possible qu'à tout prendre il y ait une opinion de bonne sur vingt (cette proportion est assez généreuse), il me semble qu'ayant un Gouvernement représentatif, il serait facile de confier à un député cette opinion qui semble si précieuse, et qu'il serait possible même de trouver les moyens d'en conserver la propriété à son auteur. Mais quand bien

même ces moyens ne se trouveraient pas ,
je soutiendrais encore que la perte d'une
opinion ne serait pas un motif pour changer
ou altérer les bases d'un Gouvernement
représentatif. Dans un tel Gouvernement ,
on doit supposer, quoique cela ne soit pas
toujours vrai , que les représentans sont
l'élite de la nation. Si cela n'est pas, c'est
un malheur , mais bien moins grand que
celui qui existerait, si tous ceux qui ne sont
point représentans s'occupaient à décré-
diter ceux qui le sont, et à leur adresser
chaque jour des avis ou des reproches.

« En Angleterre , dit Delolme , par la
» vivacité avec laquelle tout se commu-
» nique, la nation forme , pour ainsi dire ,
» un tout animé et plein de vie dont au-
» cune partie ne peut être touchée sans
» exciter une sensibilité universelle. »

Cela peut être fort bon en Angleterre ,
cela peut aller bien tant qu'elle sera dans cet
état de prospérité et de domination , parce
que le peuple s'enorgueillit de la gloire et
du bonheur dont il jouit. Qu'arriverait-il
dans des momens de crise ? Je n'en sais rien ;
mais nous ne sommes que trop autorisés par
l'expérience à dire que ce qui est aujour-

d'hui chez nos rivaux *action , mouvement et vie*, serait indubitablement , dans les circonstances où se trouve la France , fièvre ardente , délire et transport au cerveau.

« Mais , dit M. de Constant , on organi-
» sera une responsabilité claire et suffisante
» contre les auteurs et les imprimeurs. On
» assurera au Gouvernement les moyens de
» faire juger ceux qui auraient abusé, etc. »

Les théoristes sont admirables dans leurs spéculations. Ils filent une abstraction à perte de vue. Ils la divisent et subdivisent en une infinité de théorèmes et de corollaires supérieurement raisonnés sur le papier. Mais quand il faut réaliser , lorsqu'il s'agit de la *praticable application*, ils vous disent : *on organisera, on assurera, etc.* Eh ! Messieurs, ne raisonnez pas si subtilement et *organisez* une bonne fois. Que l'on puisse juger de votre savoir-faire ; que l'on voie comment vous pourrez *assurer* des moyens de gouverner, sans retomber plus ou moins dans cette surveillance , que vous appellez *inquisition*, pour éveiller et mettre en arrêt les hommes à idées *libérales*, et pour faire peur aux sots.

Dans un autre ouvrage de M. de Constant,

dont il donne un extrait à la suite de sa brochure ; il s'exprime ainsi : « On dirait que
» les *verbes impersonnels* ont trompé les
» écrivains politiques. Ils ont cru dire quel-
» que chose en disant : Il faut réprimer les
» opinions des hommes ; il ne faut pas aban-
» donner les hommes aux divagations de
» leur esprit ; on doit préserver la pensée
» des hommes des écarts où le sophisme
» pourrait l'entraîner. Mais ces mots *on doit,*
» *il faut, il ne faut pas*, ne se rapportent-
» ils pas à des hommes ? Toutes ces phrases
» se réduisent à dire : Des hommes doivent
» réprimer les opinions des hommes , etc. »
Quel triste abus du raisonnement ! que de
phrases insignifiantes ! Eh ! sans doute ! dans
tout ce qui est gouvernement , il ne peut y
avoir que des hommes ! Et vous-mêmes n'em-
ployez-vous pas *les verbes impersonnels*
quand vous dites : *On organisera , on assu-*
rera ? Pour *organiser* et *assurer*, il vous faudra aussi des hommes. Pourquoi s'étudier à
chercher des moyens de détruire des effets
qui sont inévitables comme leurs causes ?
Par-tout où un gouvernement est formé , il
l'est par *des hommes*, qui ont confié l'autorité à *des hommes* qui en délèguent une

partie encore à *des hommes :* vous ne sor-
tirez jamais de ce cercle.

Vous voulez *organiser une responsabilité ?*
et dites-moi , lorsque vingt mille brûlots
auront été jetés sous le nom de brochures
dans toute la France , lorsque cinquante
mille exemplaires de journaux renfermant
des articles séditieux ou maladroits , auront
ébranlé la fidélité ou altéré l'opinion de
plusieurs millions de lecteurs , quelle *responsabilité* peut-il exister ? Quand même
les auteurs de ces articles paieraient de leurs
têtes les délits qu'ils auraient commis, « *quel*
» *bien ,* répéterai-je avec le baron de Grimm,
» *peut compenser un mal aussi funeste ? et*
» *serait-on toujours à même de le réparer*
» *comme on l'aurait été de le prévenir ?*

M. de Constant revient encore à l'Angleterre pour nous décocher ce petit axiôme
bénin : « Il n'y a jamais eu sur des questions
» importantes, d'unanimité *sans servitude.* »
D'où il résulte que la tyrannie est , à coup-
sûr, là où il n'y a pas une bonne partie
de la nation en hostilité avec le Gouvernement : « En Angleterre , ajoute-t-il , toutes
» les fois qu'un traité de paix est publié,
» il y a des journalistes qui l'attaquent ,

» qui peignent l'Angleterre comme trahie,
» comme poussée à sa perte et sur le bord
» d'un abîme , etc. » L'aimable régime et la
jolie perspective qu'on nous donne là ! On
ne saurait , en vérité , revenir de son éton-
nement , quand on voit que l'on veut encore
faire admirer aux Français un pareil système
de Gouvernement , et que , loin d'y décou-
vrir le moindre danger pour eux , on ajoute
froidement : « *le peuple , accoutumé* à ces
» exagérations ne s'en émeut pas ; *il n'exa-*
» *mine que le fond des choses* , etc. » Et s'il
est pendant un siècle , en proie aux convul-
sions , en attendant qu'il s'y *accoutume* ,
que penserez vous d'une telle épreuve ?
Quelle assurance d'ailleurs nous donnerez-
vous qu'elle a suffi pour nous guérir , et que
nos enfans profiteront de l'expérience de
leurs pères ? Mais , que dites-vous , lecteurs , du *peuple* qui *examine le fond des*
choses ? Est - ce que jamais , en aucun
pays , ce qu'on appelle le *peuple* , est capable de faire un pareil examen ? Est-ce qu'il
le peut ? Est-ce qu'il le doit ? Est-ce qu'il
n'y a pas dans toutes les grandes opérations
politiques , en Angleterre comme ailleurs ,
des secrets et des mystères que le Gouver-

nement doit dérober au *peuple ?* Croit-on,
par exemple, que le peuple anglais connaisse *le fond des choses* sur la question *de
la traite des nègres ?* M. de Constant le
sait, sans doute, ainsi que quelques autres
personnes en France, habituées, comme lui,
à méditer profondément ; mais la multitude
n'y voit rien qu'un grand acte de philan-
thropie.

L'auteur voit toujours les Français à travers sa lunette anglaise ; il les voit faisant
chaque matin un cours de droit public dans
les gazettes ! Mais leur inoculera-t-il ce besoin
de lire tous les jours sept à huit journaux
de vingt colonnes chacun (1), de les com-
parer entre eux pour y former son opinion.
En France, chacun a son journal auquel il
croit comme à son médecin, et l'on se
soucie fort peu de ce que disent les autres.

M. de Constant parle en divers endroits
des *défenseurs,* des *soutiens,* et des *adversaires* du Gouvernement. Déplorable résultat de la révolution qui nous a fait con-

____

(1) Il faudrait au moins quatre feuilles comme
celles de France pour composer *un seul* des papiers-
nouvelles d'Angleterre.

tracter l'habitude de guerroyer avec la plume comme avec l'épée , et qui a souillé notre langue d'une foule de locutions inconnues en France depuis quatorze siècles ! Des *adversaires !* Quels peuvent-ils être quand le souverain légitime a été rappelé par le vœu universel du peuple français ? Des *soutiens !* Lui en faut-il d'autres que le souvenir des plus horribles calamités, l'amour, la confiance, le dévouement de tous ?

Mais voici bien une autre combinaison. « Il essentiel pour le gouvernement , dit » l'auteur qu'*on puisse créer* dans toutes les » parties de la France une opinion juste, » forte, *indépendante de celle de Paris,* » *sans lui être opposée,* et qui, d'accord » avec les véritables sentimens des habitans, » *ne se laisse jamais aveugler* par une opi- » nion factice. » Voilà encore M. de Constant qui se sert , sans s'en apercevoir, *des verbes impersonnels* qu'il proscrit si sévèrement quand ils ne sont pas favorables à son système. Il est essentiel *qu'on puisse créer une opinion!* et qui la créera ? comment ? par quels moyens ? Je vous entends, c'est par les journaux. Et vous croyez de bonne foi que les journaux, essentiellement divisés,

formeront une opinion, une et indépendante, et que les provinces alors ne se lais-
seront *jamais égarer* par une opinion factice! Oh! pour le coup, M. de Constant,
donnez-nous des garanties infallibles de ce
résultat, car vous ne trouverez pas beaucoup de gens disposés à vous croire sur
parole, après le quart de siècle qui vient
de s'écouler. Vous ne voulez pas « que l'opinion de la France soit le reflet de l'opinion
de Paris, » et pourrez-vous nous prouver
qu'il en est autrement chez les autres nations
de l'Europe, et que Londres, Vienne et
Berlin ne donnent pas le ton au reste de
l'Angleterre, de l'Allemagne et de la Prusse.
Comment ne voyez-vous pas que la liberté
illimitée des journaux et des pamphlets
donnerait encore plus de force à la capitale
pour égarer les provinces qui ne s'aviseront
guère de faire des pamphlets et des journaux que personne ne lirait, et qui s'en
rapporteront toujours à ceux des oisifs et
des malveillans de la capitale ?

On veut à toute force que ce soit les
journaux qui *forment l'opinion !* mais nous
savons à quoi nous en tenir à cet égard. La
liberté *illimitée* de la presse a existé. Quelle

opinion saine a-t-elle formée? quelle vérité a-t-elle propagée? combien au contraire n'a-t-elle pas fait circuler d'erreurs, de poisons, de calomnies, d'injures, d'infamies de toute espèce?

M. de Constant fait une grande dépense de dialectique pour prouver la nécessité de créer cette opinion *indépendante de celle de Paris sans lui être opposée* (1), et il ajoute : « Si une telle opinion eût existé en » France, les Parisiens, *au* 31 *mai*, n'au- » raient été asservis que passagèrement, et » bientôt leurs concitoyens des provinces » les auraient délivrés. »

Si est bientôt dit ; il rappelle involontairement ce dicton populaire : *Si le ciel tombait*, etc. Mais ce qui est digne de remarque dans ce paragraphe, c'est l'époque citée par M. de Constant.

C'est le 31 mai que le parti *républicain*, qu'on a nommé *les girondins*, a succombé sous celui de Robespierre. Or, c'est une

____

(1) On sent combien la solution de ce problême est facile. Cela me rappelle la fable de La Fontaine, où la précieuse veut un mari qui possède des qualités tout-à-fait incompatibles :

Point froid et point jaloux, (notez ces deux points-ci).

chose assez étrange qu'un apôtre de la liberté *illimitée* ne s'attache, pour appuyer son système, qu'à cette époque de décadence d'un parti *républicain*. Le 10 août 1792, les épouvantables journées des 21 janvier et 16 octobre 1793, le 13 vendémiaire, le 18 fructidor, et tant d'autres époques où le parti monarchique a succombé, n'ont laissé aucunes traces dans son esprit. *Le 31 mai, et les girondins,* voilà tout ce qui l'occupe, tout ce qui est l'objet de ses souvenirs et de ses regrets. *Ce petit bout d'oreille, échappé par malheur,* a été aperçu de beaucoup de lecteurs de M. de Constant. On est bien éloigné de lui faire un crime de cette opinion, puisqu'il est étranger, et qu'il ne peut éprouver les mêmes regrets et les mêmes craintes que nous.

L'auteur traite si légèrement l'article de la diffamation et de la calomnie, que je ne crois pas utile de lui faire de réponse à ce sujet. Dailleurs, il n'y a qu'un vœu sur ce point, et aucune mesure répressive ne paraîtra trop sévère.

Je ne répondrai pas non plus à ce que M. de Constant dit sur ou plutôt contre la *fleur de politesse et la sensibilité exquise de la nation française.* Il prétend que ce sont des mots vides de sens, et que l'on veut transformer *des faiblesses en vertus.* Cependant Montesquieu ne pense pas ainsi. « S'il y avait, dit ce grand homme, une » nation qui eût une humeur sociable, une » ouverture de cœur, une joie dans la vie, » une facilité à communiquer ses pensées ; » qui fût vive, agréable, enjouée, quel- » quefois indiscrète, et qui eût avec cela du » courage, de la générosité, de la franchise, » de l'honneur, *il ne faudrait point cher-* » *cher à gêner par des lois ses manières* » *pour ne point gêner ses vertus.....* Qu'on » donne un esprit de pédanterie à une na- » tion actuellement gaie, l'état ne gagnera » rien ni pour le dedans ni pour le dehors. » Laissez-lui faire les choses frivoles sérieu- » sement et gaiement les choses sérieuses. » M. de Constant a peut-être des qualités très-supérieures à celles qui distinguent notre nation, mais enfin *il n'est pas Français,* et toutes les fois qu'il s'agit *de l'intérêt du Gou-vernement* de mon pays, j'aime mieux consulter Montesquieu que M. Benjamin de Constant.

Cet écrivain est sur des charbons ardens,

lorsqu'il est obligé de combattre les objections de l'expérience. En effet, à chaque pas que l'on fait dans l'histoire de notre révolution, il est impossible de ne pas être frappé tour-à-tour des abus et de l'inanité de cette prétendue liberté. « Mais, dit » l'auteur, à ces époques, il existait beau-» coup de lois injustes et vexatoires, beau-» coup de *restes de proscription*, et la li-» berté des journaux pouvait être redou-» table pour un gouvernement qui croyait » nécessaire de conserver ce triste héritage. » En général, si j'affirme que la liberté des » journaux est utile au gouvernement, c'est » *en le supposant juste dans le principe,* » *sincère dans ses intentions, et placé dans* » *une situation où il n'ait pas à maintenir* » *des mesures iniques de bannissement,* » *d'exil, de déportation,* etc. »

J'avoue que je ne sens pas du tout la force de cette réponse ; je ne sais pas ce que c'est que *des restes de proscription,* etc.; mais, sans épiloguer sur les termes, je réponds à mon tour que si la liberté des journaux ne paraît utile que dans la supposition que vous faites, un gouvernement *juste, sincère,* etc., accueillera toutes les vérités, et ne repoussera que les erreurs ou les écarts des passions, et j'en tire cette conséquence que les journaux ne peuvent que désirer la surveillance d'un pareil gouvernement.

Je ne dois pas omettre un aveu de cet écrivain, qui me semble ne pas laisser que d'ébranler son système de liberté *illimitée*. « J'aime, dit-il, à reconnaître que, » *dans le moment actuel*, les dépositaires » de l'autorité ont le mérite d'empêcher que » l'on n'attaque leurs ennemis. C'est un » ménagement qui leur fait honneur. »

« Mais, ajoute-t-il aussitôt, comme s'il » craignait d'avoir donné trop de prise sur » lui, *ce n'est pas une garantie durable*, » puisque ce ménagement est un pur effet » de leur volonté. »

Et quelle autre *garantie* voulez-vous donc que la sagesse et la modération d'un gouvernement fort, puisqu'il est légitime, et qu'il ne peut vouloir que le bien? Toutes vos combinaisons n'en créeront jamais une aussi sûre que celle-là. Il est incroyable que l'on s'étudie à chercher toujours des garanties *contre* le gouvernement, et que l'on ne se mette pas en peine d'en trouver *pour* sa force et sa stabilité. Nous ressemblons en cela aux enfans qui voudraient mettre des lisières à leur père. On ne cesse de crier pour le soutien de ses droits, et l'on s'affranchit ainsi du joug salutaire des devoirs. Un entrepreneur de journal ne supporte pas, sans colère, que l'on ait l'idée de se mêler du gouvernement de sa feuille, et il veut être l'arbitre de l'opinion d'un peuple, et diriger le gouvernement de l'Etat !

O vanas hominum mentes ! ó pectora cœca !

J'ai conservé, pour la fin de cet écrit, la discussion de celle des objections de M. de Constant, qui a paru faire le plus d'impression sur quelques personnes. Ce petit nombre ne manque pas de dire suivant l'usage : « *Tout le monde* est de son avis. » Je ne donne pas dans ce piége. Cette objection me semble tout au plus spécieuse ; mais je suis loin de la regarder comme pressante et irréfutable, et j'oserai essayer de la résoudre.

« En assujétissant, dit-il, les journaux à
» une gêne particulière, le Gouvernement
» se rend de fait, malgré lui, responsable
» de tout ce que disent les journaux ; c'est
» en vain qu'il proteste contre cette res-

» ponsabilité : elle existe moralement dans
» tous les esprits. Le Gouvernement pou-
» vant tout empêcher , on s'en prend à lui
» de tout ce qu'il permet..... On croit voir
» le Gouvernement derrière le journaliste ,
» et quelque erronée que soit la supposi-
» tion , une ligne aventurée par un simple
» écrivain semble une déclaration , ou , ce
» qui est tout aussi fâcheux, un tâtonne-
» ment de l'autorité...... Il en est de même
» pour tout ce qui concerne les individus;
» quand les journaux ne sont pas libres , le
» Gouvernement pouvant empêcher qu'on
» ne dise du mal de personne , ceux dont on
» dit le plus léger mal semblent être livrés
» aux journalistes par l'autorité, etc. »

On ne peut dissimuler , en lisant ce paragraphe présenté ainsi d'une manière isolée ,
que les dangers qu'il indique sont faits pour
inspirer quelque crainte ; mais avant de
s'abandonner à cette impression, les hommes
sages auront, sans doute, médité sur les
aveux qui ont précédé cette objection.

« L'effet des journaux, dit M. de Cons-
» tant, peut être représenté comme plus
» terrible encore que celui des livres et
» même des brochures. Ils agissent perpé-

» tuellement et à coups redoublés sur l'opi-
» nion. Leur action est universelle et si-
» multanée. Ils sont transportés rapidement
» d'une extrémité du royaume à l'autre.
» Souvent ils composent la seule lecture des
» abonnés. Le poison, s'ils en renferment,
» est sans antidote, etc. »

Quand on a lu ces deux paragraphes, la première opération de notre esprit doit être de considérer les périls qui peuvent résulter de l'un ou de l'autre état de choses ; mais la seconde est de réfléchir s'il faut nécessairement prendre l'un ou l'autre de ces deux partis : *Liberté illimitée des journaux*, ou *responsabilité illimitée du Gouvernement, si la censure est établie.*

C'est ici que les hommes chargés de la pénible tâche d'assurer à la France un repos et une prospérité durables, doivent se dépouiller entièrement de toutes passions, rejeter les restes du levain empoisonné des discordes civiles, oublier toutes ces puériles contentions, toutes ces petites rivalités de pouvoir, qui ne décèlent que l'orgueil, l'aveuglement et la faiblesse de ceux qui s'y laissent entraîner.

Il existe, n'en doutons pas, il existe dans

le sein du Corps - Législatif beaucoup d'hommes forts et sages , qui sentiront toute la gravité de la question sur laquelle ils auront à prononcer, et qui ne livreront pas légèrement le destin de l'Etat aux chances d'une décision inconsidérée. Il me semble entendre l'un d'eux tenir à-peu-près ce discours, qu'il animerait sans doute du feu de cette éloquence que la tribune inspire, et à laquelle il ne m'est point permis de prétendre :

« Réfléchissez, Messieurs, à l'importance » des concessions qui vous sont faites par » les apôtres même , et par les partisans de » de la liberté *illimitée* des journaux. *Il est* » *vrai*, disent-ils, *nous en convenons, leur* » *effet est plus terrible encore que celui des* » *livres et même des brochures. Ils agissent* » *perpétuellement et à coups redoublés sur* » *l'opinion. Leur action est universelle et* » *simultanée. Ils sont transportés rapide-* » *ment d'une extrémité du royaume à l'autre.* » *Souvent ils composent la seule lecture de* » *leurs abonnés. Enfin le poison , s'ils en* » *renferment, est sans antidote....* Entendez- » vous cet aveu effrayant? C'est un *poison* » *sans antidote* dont on vous propose de

» permettre le débit journalier et universel !
» Je vous le demande, Messieurs, quelle
» fièvre, quelle lèpre, quelle affreuse peste
» ne serait point préférable à un tel fléau ?
» Au moins ces maladies ne sont point in-
» curables, elles ne sont que passagères ;
» on peut donc se résigner à leurs dangers,
» sans que l'espérance nous soit entière-
» ment ravie ; mais voici un mal plus ter-
» rible, plus épouvantable que tous ceux
» qui pouvent affliger l'humanité, un mal qui
» atteint à-la-fois une nation tout entière,
» qui la dévore sans relâche, sans intermit-
» tence, sans espoir de guérison, un mal
» éternel. Ce mal, c'est la liberté *illimitée* des
» journaux. »

» En vain vous dira-t-on que c'est un
» mal nécessaire, inévitable ; qu'il n'y a
» d'autre alternative que de laisser le poison
» circuler librement, ou de rendre le Roi
» responsable des conséquences de tout ce
» qui serait inséré dans les journaux, s'il
» en avait la surveillance ; et si le Roi vous
» répondait : Je ne veux point de la respon-
» sabilité que vous voulez faire peser sur
» moi ; mais je ne veux point non plus
» qu'aucun de mes sujets puisse commettre

» des délits, et être l'auteur de calamités
» qu'il lui serait impossible de réparer. Je
» ne veux point de cette robe empoisonnée
» qui consumerait les entrailles de mon
» peuple. Ne peut-il donc être éclairé qu'à
» la lueur des foudres brûlans ? Est-ce en
» frappant *perpétuellement et à coups re-*
» *doublés* sur l'opinion qu'on peut en for-
» mer une qui soit saine, solide et invari-
» ble ? Est-ce là la marche de la Providence
» que vos sophistes ont appelé *Nature?* N'est-
» ce pas, au contraire, lentement, et d'une
» manière imperceptible qu'elle procède à
» l'accomplissement de ses œuvres ?

» Que répondriez-vous, Messieurs, à
» ces argumens d'une autorité prévoyante
» et paternelle ? Vous étudierez-vous à
» étouffer *le sens réel* d'une disposition sous
» les arguties des définitions, et direz-vous
» que la constitution s'oppose formellemet
» aux précautions contre la liberté en ne
» parlant que de la répression des abus ?

» Je répondrai d'abord que ce n'est pas
» violer la constitution que de *différer*
» l'exercice d'une faculté qui s'y trouverait
» renfermée. »

» Mais je n'accorderai point que cette

» faculté y soit accordée pour les jour-
» naux : je soutiendrai au contraire qu'en
» considérant la constitution dans son en-
» semble et dans les rapports que les ar-
» ticles ont entre eux , cette faculté est,
» presque explicitement , interdite aux
» journaux.

   » En effet , l'article 20 ne porte-t-il pas
» que *les propositions de loi ne pourront*
» *être discutées qu'en comité secret?* N'est-
» il pas dit article 44, que *sur la demande*
» *de cinq membres la chambre peut se*
» *former en comité secret ?*

   » Quel autre but le législateur s'est-il pro-
» posé par ces *comités secrets* que de dé-
» rober au public ce qu'il n'est pas à propos
» qu'il connaisse , parce que la publicité
» d'une proposition indiscrète pourrait nuire
» à l'action du pouvoir exécutif, dont il est
» bien tems de reconnaître et de fortifier la
» liberté salutaire et protectrice ?

   « Eh bien ! ce que la constitution vous
» a interdit , ce que vous vous êtes in-
« terdit vous-mêmes par vos réglemens ,
» un individu sans mission et sans auto-
» rité pourrait le faire , chaque jour, dans
» toutes les feuilles publiques qu'une liberté

» *illimitée* multiplierait, ee ce que vous
» trouvez dangereux de faire connaître à
» deux ou trois cents personnes qui com-
» posent vos tribunes , et aux journalistes
» eux-mêmes, ces mêmes journalistes pour-
» raient le publier à cinquante mille
» exemplaires dans toute la France, et éga-
» rer ainsi l'opinion de plusieurs millions de
» lecteurs! Non , je le repète , cet abus ne
» sera pas consacré , parce qu'il n'en est
» pas de plus anti-constitutionnel ; si vous
» aviez la faiblesse de le laisser naître , vous
» auriez déchiré de vos propres mains la
» charte que nous avons obtenue après tant
» de sang versé , tant de persécutions , et
» tant de misères. »

Mais nous avons le droit *de faire imprimer librement nos opinions!* « Et n'y a-t-il
» donc d'autres moyens que les journaux
» ou les pamphlets pour faire imprimer vos
» opinions ? Quand les journaux ont rendu
» compte des actes de l'autorité et des dis-
» cussions de la chambre des députés, est-
» il donc si nécessaire qu'ils s'occupent de
» projets de lois et d'actes d'administration ?
» N'est-il pas tems de faire cesser cette
» manie funeste de *législater* quotidienne-

» ment ? La faculté qu'aurait chaque indi-
» vidu de présenter dans une ou deux co-
» lonnes de journal des opinions, des idées,
» des vues nouvelles ou renouvelées, n'en-
» traverait - elle pas à tout moment la
» marche du Gouvernement ? Est-il pos-
» sible, quelque précis que l'on puisse être,
» de développer dans un court espace les
» avantages d'une loi proposée, et sur-tout
» de prouver qu'elle est en harmonie avec
» le système des lois de son pays ?

» Que dirai-je des autres considérations
» politiques ou morales ? D'abord, chaque
» journal mettrait son intérêt autant que
» son orgueil à être conséquent dans ses
» principes ; il craindrait de se perdre en se
» rétractant : ainsi il refuserait toutes les ré-
» ponses qu'on voudrait lui faire, et si ce
» journal avait un très-grand nombre de
» souscripteurs, l'opinion qu'il aurait émise
» prévaudrait sur toutes les autres ? En second
» lieu, cette habitude de discuter, et de dis-
» cuter avec passion, entretiendrait dans la
» nation française la plus grande tiédeur
» pour ses devoirs, qu'elle finirait par ou-
» blier en songeant incessamment à ses droits.

» Mais, dit-on, si la censure existe, on

» attribue au Gouvernement le mal qui sera
» dit dans les journaux sur les individus ? —
» Cette supposition est fausse ; mais admet-
» tons qu'elle soit exacte. Quelle est donc
» la nécessité de transformer les journaux
» en arsenaux de dénonciations et d'inju-
» res ? C'est là au contraire l'objet le plus
» important sur lequel puisse s'exercer la
» censure , et je citerai à ce sujet l'opinion
» d'un écrivain qui n'est pas apprécié autant
» qu'il le mérite, parce qu'il n'offre pas dans
» ses ouvrages ces ornemens empruntés ,
» cette chaleur factice et ces sophismes au-
» dacieux qui ont accrédité tant d'écrivains
» du dix-huitième siècle ; c'est M. Servan,
» ancien avocat-général au parlement de
» Grenoble. Ce magistrat écrivait tout sim-
» plement dans la langue de Fénélon et de
» Massillon. Voici comme il s'exprime dans
» un excellent écrit intitulé : *Réflexions sur*
» *les confessions de J. J. Rousseau.*

» *L'opinion publique , dit M. Servan , est*
» *un des plus grands ressorts de la monar-*
» *chie. Que faut-il donc pour entretenir ce*
» *respect pour l'opinion ? Si les mœurs sont*
» *bonnes , il n'y aura rien à faire ; les hom-*
» *mes s'estimeront mutuellement parce qu'ils*

» seront estimables. Mais si les mœurs sont
» corrompues, je dis alors qu'il faut empê-
» cher les hommes de dire trop librement ce
» qu'ils pensent les uns aux autres , de ré-
» véler en quelque sorte au public le secret
» de ce qu'il est, et pour tout dire , il faut
» que le public s'estime toujours plus qu'il ne
» vaut..... Dans une monarchie, la liberté
» doit donc être resserrée à l'égard des per-
» sonnes, parce qu'il n'est point de gouver-
» nement où il soit plus dangereux de divul-
» guer les mauvais exemples. La nation qui
» se mésestime, se corrompt toujours da-
» vantage et devient le jouet de ceux qui la
» gouvernent. »

« Qu'aurait dit ce digne magistrat, que
» n'aurait-il pas ajouté à ces motifs si sages,
» s'il eût écrit vingt ans plus tard , après
» avoir été témoin des excès de tout genre
» auxquels se sont livrés les journaux pen-
» dant la révolution ?

» Non, Messieurs, ces excès ne se re-
» nouvelleront plus. La souveraineté des
» journaux ne doit pas survivre à la sou-
» veraineté du peuple , dont naguère ils
» furent de si fougueux apôtres ; vous n'en
» laisserez point renaître qui puissent repro-

» duire en France cette fièvre d'innovation
» et de révolte, qui a décomposé et menacé
» d'une entière dissolution le corps social. »

Je ne doute pas des clameurs qu'exci-
citerait un pareil discours; mais il serait
plus facile de le décrier que d'y répondre.
Cependant en vain l'orateur aurait-il prouvé
que la liberté *illimitée* accordée aux journaux serait *impolitique, immorale et anti-
constitutionnelle ;* un seul cri, mais un cri
répété cinquante mille fois, chaque jour,
dans toute la France chercherait à étouffer
la voix de la sagesse, de l'expérience et de
la vérité ; et ce cri serait : A quoi réduirait-
on les journaux ? La réponse serait bien
simple, mais quelques journaux ne la répé-
raient pas. Quoiqu'il en soit, la voici :

Les journaux, amis de l'ordre et de la
paix, ne se plaindront jamais d'être *réduits*
à communiquer les actes de l'autorité,
rendre compte des discussions de la chambre des députés, extraire les nouvelles
étrangères qui seraient faites pour exciter
l'intérêt des lecteurs, pourvu qu'elles fussent
bien authentiques, et qu'elles ne fussent
point de nature à troubler l'ordre intérieur ;
à analyser et juger les livres nouveaux, les

ouvrages dramatiques , les comédiens ,
toutes les productions des arts , sans cesser
de payer *le tribut au malin* , à orner leurs
feuilles d'anecdotes et de poésies nouvelles,
de discussions littéraires, morales et scien-
tifiques, etc.

Pour tout le reste, le Roi doit être le
seul juge de ce qu'il serait dangereux d'y
insérer. *Votre poison sans antidote* résoud
la question d'une manière invincible ; et si
le monarque n'avait pas le pouvoir d'empêcher ou de supprimer ce qui lui paraîtrait
préjudiciable à la société , aux individus , à
l'ordre intérieur de l'Etat ou aux intérêts
de sa politique extérieure, la puissance du
journaliste serait supérieure à celle du Roi
lui-même, la charte serait anéantie , le Gouvernement serait de nouveau le jouet et
bientôt la victime des novateurs , et la
France serait perdue.

Non, il n'est pas possible qu'après une
aussi longue anarchie , où tant de crimes ,
hélas ! ont été commis, où tant d'individus
ont à se reprocher des injustices, des fautes,
des erreurs, ou tout au moins des faiblesses;
il n'est pas possible, dis-je , qu'il existe assez
d'hommes aveuglés pour ne point sentir

que ces limites proposées par le monarque
sont la preuve la plus éclatante de son iné-
puisable bonté, le plus grand bienfait qu'un
père puisse accorder à ses enfans égarés.

Supposons en effet que le monarque que
la Providence nous a rendu, au lieu de
régner, comme il le fait, par la sagesse,
l'indulgence et la modération, fût revenu en
France avec des sentimens contraires à ceux
qui le font si généralement chérir ; supposons que, fort de ses droits, de ses vertus,
de la lassitude et du repentir d'un peuple
accablé par tant et de si longs revers,
Louis XVIII eût plus songé à reprendre la
plénitude de l'autorité de ses ancêtres, qu'à
consolider le bonheur de ses sujets en limi-
tant lui-même son pouvoir, quelle arme
forte et puissante eût été, pour l'accomplissement de ce projet, cette liberté de la
presse que l'on voudrait lui refuser le droit
de limiter aujourd'hui ! Qu'avait-il à en
redouter ? quel mal a-t-il fait ? quel sang a-
t-il versé ? de quelle infortune a-t-il été la
cause ? Combien, au contraire, il a fermé
de plaies, soulagé de malheureux, consolé
en secret d'affligés qu'aurait atteint le déses-
poir ! Que de grandes pensées, que de nobles

sentimiens, que de vœux touchans son ame royale et paternelle n'a-t-elle point conçus et formés!...... Mais si le Roi, sans rien craindre pour son autorité, eût fait servir cette liberté à la vengeance et à la persécution, et s'il nous eût dit: « Français! vous
» pouvez faire entendre toutes vos plaintes,
» exhaler tous vos ressentimens, rappeller
» tous les funestes souvenirs; vous pouvez,
» chaque jour, et dans cent feuilles diffé-
» rentes, retracer toutes les scènes de votre
» long et sanglant délire, tous les égare-
» mens produits par l'effervescence des pas-
» sions ; vous pouvez nommer , signaler ,
» accuser, dénoncer, récriminer, tout vous
» est permis , pourvu que vous ne disiez
que *la vérité* (1). »

Ah! si le Roi nous tenait ce langage, et si nous acceptions ce don fatal, n'en doutons point, nous verserions bientôt des larmes de sang sur l'indiscret usage que nous en aurions fait; et dans notre tardif et inutile repentir, nous nous écrierions : « Vous

---

(1)Et comment la reconnaître, cette vérité, au milieu de la lutte des passions, à travers les haines et les récriminations qui se multiplieraient chaque jour!

» que nous avions rappelé pour mettre un
» terme à nos malheurs, qu'avez-vous fait?
» nous vous avions confié notre repos, nos
» espérances, notre bonheur, et vous nous
» avez replongé dans l'abîme de maux dont
» vous seul pouviez nous retirer! Fallait-il
» écouter de vains raisonnemens, si long-
» tems démentis par l'expérience? Reprenez,
» reprenez cette liberté funeste que vous
» nous avez laissée, jusqu'à ce que vous
» ayez jugé que nous puissions l'exercer
» sans péril! »

IMPRIMERIE DE PILLET, RUE CHRISTINE.